D1718719

HANS-H. NIETZEL

Die alte
Oberharzer
Wasserwirtschaft

mit einem Vorwort von Carl Heinz Kurz

VERLAG OTTO ZANDER · HERZBERG (HARZ) – PÖHLDE

Anmerkung:

Die im Text und in den Bildunterschriften eingeklammerten Zahlen bzw. Buchstaben und Zahlen kennzeichnen die auf den Bildern 1, 21, 23 und 27 dargestellten Anlageteile.

Copyright by Verlag Otto Zander, Herzberg (Harz) – Pöhlde

Nachdruck nicht gestattet

Sämtliche Rechte der Verbreitung, einschließlich der Fotomechanik und anderer Reproduktionsmittel, sind vorbehalten.

Umschlagfoto: Striegelhaus im Wasserläufer Teich in Clausthal-Zellerfeld sowie Textfotos und Zeichnungen Hans-H. Nietzel

Druck: Otto Zander, Druckerei und Verlag, Herzberg (Harz) – Pöhlde

Printed in Germany 1983

ISBN 3-923336-06-3

Mitgefördert durch die Calenberg-Grubenhagensche Landschaft und unterstützt durch den Niedersächsischen Heimatbund e. V., Hannover

VORWORT

Dem Verfasser, aus einer sehr alten Oberharzer Bergmannsfamilie stammend, liegt daran, einen allgemeinverständlichen Einblick in die weltweit gerühmte Oberharzer Wasserwirtschaft zu geben. Er will zugleich registrieren, wie es denn heute im genannten Bereich aussieht. So hat Hans-H. Nietzel zu nicht allzu vielen Textworten sehr viele Textbilder gefügt, die sein Anliegen deutlich machen und die gegenwärtige Situation äußerst exakt beleuchten.

In mehreren Gesprächen mit Hans-H. Nietzel erfuhr ich, wozu er diese von Text und Bild her — wie ich meine — ausgezeichnete Schrift zusammengefügt habe und was er damit bezwecke.

Ich fasse das Besprochene kurz zusammen: Dieses Wassersystem diente früher als unmittelbarer Energielieferant für den Oberharzer Bergbau. Die Wasser trieben die Künste der Gruben an, in der Hauptsache die Hubkünste zur Wasserlösung der Gruben und die Kehrräder zum Treiben der Gebirge. Mit zunehmendem Bergbau im Oberharz stieg auch der Bedarf an Aufschlagwassern. Damit begann die Ausdehnung dieses Wassersystems, eine Ausdehnung, die in der ganzen Bergbauzeit nicht aufhörte, d. h. immer irgendwelchen Veränderungen unterworfen war. — In der vorliegenden Schrift ist nun nicht der Zustand zu einem bestimmten Zeitpunkt behandelt, es ist vielmehr versucht worden, in aller Kürze einen umfassenden Einblick in Geschichte und Gegenwart der Oberharzer Wasserwirtschaft zu geben. Dabei sind naturgemäß viele Einzelheiten nur kurz behandelt worden.

Es sei für Leser, die mit dem Harz und seinem Bergbau nicht allzu eng verbunden sind, schon an dieser Stelle darauf verwiesen, daß sich auf den Seiten 43 bis 46 Erläuterungen einiger Fachausdrücke und Quellenangaben zur benutzten Literatur befinden.

Eulenwinkel,   Carl Heinz Kurz
Clausthal,
30. Mai 1983

Das Oberharzer Wassersystem mit seinen Teichen, Gräben und Wasserläufen

Die umstehende Zeichnung zeigt die wesentlichsten Teilgebiete des Oberharzer Wassersystems, das Dammgrabensystem, das Zellerfelder System und das Buntenböcker System.

Die Darstellung läßt die flächenmäßige Ausdehnung des Systems erkennen, in West-Ost-Richtung sind es 25 km und in Nord-Süd-Richtung 15 km.

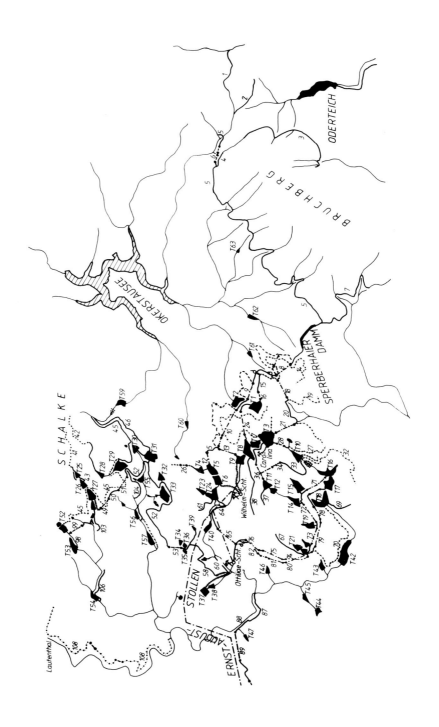

Bild 2: Der Wasserläufer Teich (T 34) in Zellerfeld

Zur Versorgung des Oberharzer Bergbaues mit Aufschlagwassern entstanden zunächst, beginnend in der Mitte des 16. Jahrhunderts, um Clausthal-Zellerfeld, im Raum Hahnenklee, Altenau, Buntenbock und Wildemann an die 70 Teiche, dazu ihre Sammelgräben, Hanggräben, Wasserläufe, Überleitungen und Aufschlaggräben.

Trotzdem reichten auf der Clausthaler Hochfläche die in den Teichen gespeicherten Wasser bald nicht mehr aus. Man bedenke, daß ja nur Niederschlagwasser gesammelt werden konnte. So kam es denn manchmal auch zu dem paradox erscheinenden Zustand: In trockenen Sommern ersoffen die Gruben durch die unter Tage zusitzenden Wasser, weil es über Tage an Aufschlagwassern fehlte, um die Pumpenkünste zu betreiben.

Bild 3: Der Sperberhaier Damm (Ostseite) mit dem abgedeckten Graben

Im Bruchberggebiet gab es aber noch genügend Wasserreserven. Das Problem war „nur", eine sattelförmige Talsenke zwischen den beiden Gebieten zu überbrücken. Diese Wasser waren also nicht so ohne weiteres auf die Clausthaler Hochfläche zu leiten. Jahrzehntelang erwog man verschiedene Möglichkeiten, um diese Wasser über diese Stelle hinwegzuleiten. Schließlich beschloß man den Bau eines Dammes.

Bild 4: Der Sperberhaier Damm (Westseite)

Der Sperberhaier Damm, wie das Bauwerk dann genannt wurde, ist in den drei Sommern 1732 bis 1734 gebaut worden. Dabei ist bemerkenswert, daß das Erdreich für diesen Damm mit Kiepen und Schubkarren von den Bergleuten herangebracht und aufgeschüttet wurde. Und zwar bis zu einer Höhe von 16 m bei einer Länge von fast 1000 m. Der Damm benötigte über 2000 000 cbm Bodenmassen.

Dieses Bauwerk galt und gilt als technisch hervorragend; zudem wurde es geschaffen mit den zur Verfügung stehenden (in jahrelangen Verhandlungen erwirkten) Mitteln.

Bild 5: Abbe mit Einleitungsbauwerk in den Abbegraben (1)

Erst etwa 100 Jahre nach dem Bau des Sperberhaier Damms konnten die Wasser jedoch aus den Moorgebieten des Brockenvorfeldes über Abbegraben und Flörichshaier Graben gewonnen werden und dem Dammgraben zugeführt werden.

Bild 6: Zusammenfluß der Wasser

Zusammenfluß der Wasser im Großen Spritzental aus dem Abbegraben (1), dem Flörichshaier Graben (2) und dem Blochschleifegraben mit den Wassern aus dem Clausthaler Flutgraben (3). Links im Bild erkennt man noch das Mundloch des Kellwasser Wasserlaufes II (6).

Bild 7: Der Dammgraben

Die Gräben sind auf weite Erstreckung in dieser Trockenmauerung ausge-
führt: eine kunstvolle Aufschichtung von behauenen Bruchsteinen mit dahin-
ter liegender Dichtung aus Rasen und Dammerde.

14

Bild 8: Dammgraben: Das „Fenster". Links im Bild das Mundloch des Dietrichsberger Wasserlaufs (10), rechts das Mundloch des Bielenwieser Wasserlaufs (11) (siehe auch Bild 21).

Im weiteren Verlauf des Dammgrabens (5) westlich des Sperberhaier Damms fließen die Wasser abwechselnd durch Gräben und Wasserläufe. Ursprünglich wurden die Wasser in der üblichen Grabentour um die Bergnasen herumgeführt; das ließ sich billiger und schneller bewerkstelligen.

Der Alte Dietrichsberger Wasserlauf und der Mönchstaler Wasserlauf (12) waren vom Anfang an im Dammgrabensystem enthalten.

Die langen Grabentouren um die Bergnasen herum hatten ihre Nachteile: Der Wasserverlust war größer als der Gewinn, und im Winter kühlte hier das Wasser sehr stark ab, bis es zum Einfrieren des Grabens kam. Darum fuhr man die Wasserläufe auf, durch welche die Wasser unter den Bergnasen hindurchgeleitet werden konnten. Diese Wasser kamen teilweise, wie hier im Bild, nur auf kurzen Strecken zu Tage.

15

Bild 9:
Im Innern des
Kellerhalser
Wasserlaufs (51)

Diese Wasserläufe brachten auch den Vorteil mit sich, daß die Wasser beim Durchfließen der Frosteinwirkung entzogen wurden und daß das natürliche Gefälle vergrößert wurde.

Bild 10: Die „Teilung"

Nach Durchfließen des Mönchstaler Wasserlaufs (12) gelangten die Dammgrabenwasser in den Oberen Haus-Herzberger Teich (T 5) und flossen früher von diesem Teich aus weiter am Unteren Haus-Herzberger Teich (T 6) vorbei um einen weiteren Bergrücken herum in den Unteren Pfauenteich (T 9). Auch diese lange Grabentour wurde später abgekürzt durch den Franz-Auguster Wasserlauf (13).

An der Teilung treten die Wasser (links im Bild) aus dem Bielenwieser Wasserlauf (11) aus und konnten nun (unten rechts im Bild) weiter in Richtung Oberer Haus-Herzberger Teich (T 5) oder durch den Franz-Auguster Wasserlauf (13), (oben rechts im Bild) in den Unteren Pfauenteich (T 9) fließen, (siehe auch Bild 21).

Bild 11: Abgeworfenes Grabenstück

Trockenes und mit Fichten bewachsenes Grabenstück des Dammgrabens vor dem ebenfalls abgeworfenen Kalte Kücher Wasserlauf.

Bild 12: Mundloch vom Alten Dietrichsberger Wasserlauf

Der Alte Dietrichsberger Wasserlauf, einer der beiden ältesten im Dammgrabensystem wurde im Jahre 1662 aufgefahren und gehörte zunächst zu einem Graben, welcher die Wasser aus dcm Polstertaler Revier heranbrachte.
Er wurde um 1863 durch den jetzigen Dietrichsberger Wasserlauf (10) ersetzt. Die Mundlöcher des alten Wasserlaufs sind daher verbrochen.

Bild 13: Dammgraben mit Fehlschlag 37

Auch gegen übermäßigen Wasserzudrang mußte man sich schützen. Das Wasserangebot richtete sich ja nur nach denjenigen Wassermengen, die an Niederschlägen zur Verfügung standen. Doch bei starken Regengüssen oder plötzlich einfallendem Tauwetter kam es auch leicht zu einem übermäßigen Zufluß. Dieser Überschuß mußte abgeleitet werden, das heißt fehlgeschlagen werden, um eine Überflutung und damit Zerstörung der Grabenbrust zu verhüten. Die Grabenquerschnitte sind nur zur Führung der Minderwasser bemessen. Daher sind in das Grabensystem an entsprechenden Stellen sogenannte Fehlschläge eingebaut um das Fluthochwasser fehlzuschlagen (auf den Bildern 21 und 23 als Kreise dargestellt).

Dieses Fehlschlagen der Wasser war natürlich unerwünscht, konnten diese Wasser doch nicht der beabsichtigten Nutzung zugeführt werden. Das führte zu Überlegungen nach zusätzlichen Speichermöglichkeiten. Solch eine Möglichkeit ist z. B. im System der Huttaler Widerwaage geschaffen worden.

Bild 14: Die Huttaler Widerwaage mit Fehlschlag 16 und Mundloch des Huttaler Wasserlaufs (21)

Das Huttaler Widerwaagesystem, erdacht von Oberbergmeister G. A. Stelzner, hatte folgende Aufgaben:

Erstens wurden zusätzlich Wasser für den 1. Fall in den Hirschler Teich (T 3) gebracht, vor allem, um für das Kehrrad der Grube Carolina Aufschlagwasser zu haben.

Zweitens konnten, weil diese Gräben und Wasserläufe söhlig angelegt sind, bei starkem Wasserzudrang im Einzugsgebiet des Hirschler Teiches (T 3) die Überschußwasser rückwärts durch den Huttaler Wasserlauf (21), weiter durch den Huttaler Graben (20), Schwarzenberger Wasserlauf (18), Tränkegraben (15) in den Jägersbleeker Teich (T 1) zurückgestaut werden (siehe hierzu das Bild 21).

Die Wasser brauchten also nicht am Hirschler Teich (T 3) fehlgeschlagen zu werden, was auch eine Gefahr für die Gruben im Burgstätter Revier bedeuten konnte, sondern wurden zunächst gespeichert. Die zurückgestauten Wasser gelangten über die 3342 m lange Strecke zunächst in den um etwa 2 m tiefer liegenden Jägersbleeker Teich und konnten nach dessen Füllung weiter zu den Polstertaler Pochwerken oder durch den Fortuner Wasserlauf (24) in den Mittleren und Unteren Pfauenteich geleitet werden.

Erst wenn das Widerwaagesystem und die darunter liegenden Teiche gefüllt waren, traten die Fehlschläge in Funktion und auch hierbei konnte dann gezielt in bestimmte Täler fehlgeschlagen werden.

Bild 15: Der Dammgraben unterhalb vom Polsterberger Hubhaus, links das Mundloch der Einlaufrösche zum Schacht mit den beiden Hubkünsten (Pumpen) im Polsterberger Hubhaus.

Als es sich zeigte, daß bei größer werdender Teufe und reich vorhandener Erzmittel trotz des Widerwaagesystems mit seinem vergrößerten Einzugsgebiet die hochgelegenen Gruben Carolina und Dorothea nicht mehr ausreichend mit Aufschlagwasser versorgt werden konnten, baute man am Polsterberg eine Hubkunst, um soviel Dammgrabenwasser auf die Höhe des Hirschler Teiches (1. Fall) zu heben, wie für die genannten Betriebe bei Wassermangel benötigt wurden.

Bild 16: Das Polsterberger Hubhaus. Rechts im Bild die Grabenbrust des Neuen Tränkegrabens

Oben am Polsterberger Hubhaus konnten damals die Wasser wahlweise in westlicher Richtung durch den Tränkegraben (15) und Jägersbleeker Wasserlauf (16) in den Jägersbleeker Teich (T 1) geleitet werden oder in südlicher Richtung durch den Neuen Tränkegraben weiter durch den Schwarzenberger Wasserlauf (18), den Huttaler Graben (20) zur Huttaler Widerwaage und durch den Huttaler Wasserlauf (21) in den Hirschler Teich (T 3). Damit war die Versorgung der hochgelegenen Gruben mit Aufschlagwassern gesichert (siehe auch Bild 21).

Bild 17: Huttaler Graben (20). In Bildmitte ein alter Teichdamm, in dessen Dammkrone der Huttaler Graben eingelassen ist, an den Berghängen der weitere Verlauf des Huttaler Grabens.

Nachdem die Anwendung elektrischer Kraft im Oberharzer Bergbau Eingang gefunden hatte, wurde auch das Wassersystem nach und nach für die zentrale Energiegewinnung genutzt. So war es nun nicht mehr nötig, die Wasser zur unmittelbaren Beaufschlagung der Wasserräder auf ein möglichst hohes Niveau zu bringen, sondern sie wurden zur Stromerzeugung auf mehrere Wasserkraftwerke geleitet.

Die beiden wesentlichen Wasserkraftwerke befanden sich unter Tage und zwar im Kaiser-Wilhelm-Schacht mit einer Gefällenutzung von 364 m und im Ottiliae-Schacht mit einer Gefällenutzung von 332 m (letzterer wurde hauptsächlich von Wassern aus dem Zellerfelder und Buntenböcker Verbundsystem beaufschlagt).

24

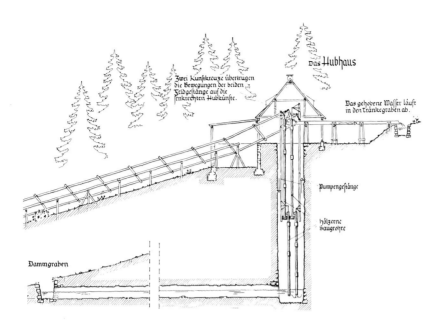

Das Hubhaus

Zwei Kunstkreuze übertrugen die Bewegungen der beiden Feldgestänge auf die senkrechten Hubkünste.

Das gehobene Wasser läuft in den Tränkegraben ab.

Pumpengestänge

hölzerne Saugrohre

Dammgraben

Versuch einer Rekonstruktion der technischen Einrichtung der Polsterberger Hubkunst   Ausschnitt einer Zeichnung von H. J. Boyke

Die Polsterberger Hubkunst wurde 1909 abgeworfen und durch zwei Pump-stationen mit elektrisch angetriebenen Kreiselpumpen ersetzt. Eine dieser Stationen befindet sich am Polsterberger Hubhaus und die andere am Aus-lauf des Rotenberger Wasserlaufs (8). Dadurch ist das Grabenstück zwischen Hubhaus und Schwarzenberger Wasserlauf (18), der Neue Tränkegraben, überflüssig geworden und im Laufe der Zeit verfallen (im Bild 21 punktiert gezeichnet).

Die neuen Pumpen hatten jetzt nur noch die Aufgabe, im Verbund mit dem elektrischen Energienetz und den angeschlossenen Teichen als Pumpspei-cherwerk zu dienen. Der Widerwaage-Effekt bzw. der Hochwasserschutz be-zieht sich seitdem nur noch auf den Hirschler Teich (T 3).

Bild 18:
Rohrleitung im
Kaiser-Wilhelm-
Schacht

Das Oberharzer Wassersystem war seiner Zeit bereits so sinnvoll ausgebaut (und zwar ohne daß jemand auch nur an Stromerzeugung hätte denken können), daß z. B. vom Dammgrabensystem nur noch zwei Rohrleitungen verlegt werden mußten, um zunächst Wassersäulenmaschinen und dann die Turbinen im Kaiser-Wilhelm-Schacht zu beaufschlagen. In diesen Schacht führt eine Leitung aus dem Unteren Haus-Herzberger Teich (T 6) und eine andere aus dem Unteren Pfauenteich (T 9). In den Bildern 1, 21, 23 und 27 sind diese Leitungen mit Querstrichen gekennzeichnet.

Bild 19: Der Turbinenraum im Kaiser-Wilhelm-Schacht, 364 m unter Tage.

Hier wurde bisher die Energie der 364 m tief fallenden Wasser in elektrische Energie umgewandelt.

Zusammen mit der Anlage im Ottiliae-Schacht betrug die installierte Maschinenleistung annähernd 6 MW und die jährliche Erzeugung zwischen 20 000 MWh und 30 000 MWh (Megawattstunden).

Seit dem 31. 3. 1980 sind diese Kraftwerke jedoch stillgelegt.

Bild 20:
Zulauf zum
Ernst-August-
Stollen

Nachdem die Wasser ihre Energie über die Turbinen abgegeben hatten, erfolgt die Wasserlösung durch den Ernst-August-Stollen. Dessen Mundloch befindet sich am Harzrand in Gittelde. Der Stollen dient aber auch heute noch als Wasserlösungsstollen für das Erzbergwerk Grund und zur Bewetterung bis in das Clausthaler Revier.

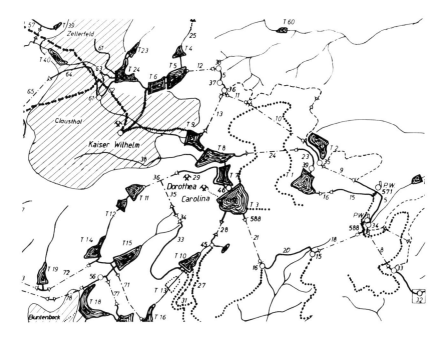

Bild 21: Der Ausschnitt aus der Karte des Oberharzer Wassersystems zeigt das Dammgraben-System westlich des Sperberhaier Dammes und die zum Burgstätter Revier gehörenden Teiche.

Hier ist deutlich erkennbar gemacht das System der Huttaler Widerwaage vom Hirschler Teich (T 3) bis zum Jägersbleeker Teich (T 1).

Ferner sind die ehemaligen Schleifen des Dammgrabens um die jeweiligen Bergnasen herum gestrichelt eingezeichnet und die diese dann abkürzenden Wasserläufe strich-punktiert.

Eine weitere Besonderheit sind auch zwei Wasserläufe: Der Johann-Friedricher (36) und der Prinz Walliser (35) Wasserlauf. Diese treffen sich unter Tage. Der Johann-Friedricher Wasserlauf führt vom Johann-Friedricher Teich (T 11) die Wasser unter Tage über einen ebenfalls untertägigen Striegel unter der Wasserscheide hindurch in den Dorotheer Aufschlaggraben (29) und damit in das Burgstätter Revier. Der Prinz Walliser Wasserlauf brachte die Wasser aus dem Kehrzug-Gebiet (östlich von Buntenbock) heran.

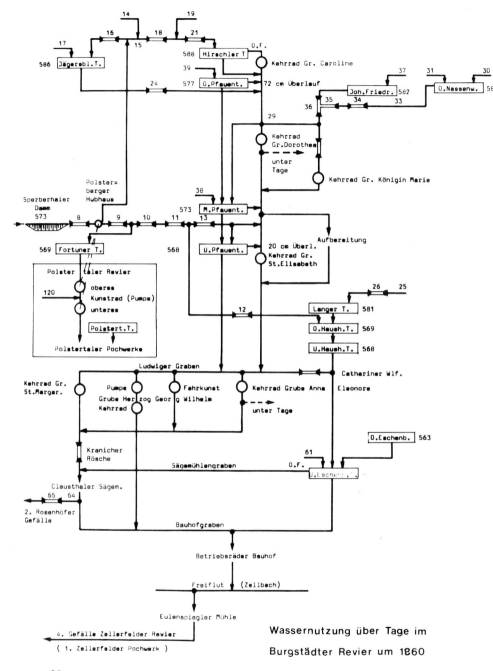

Wassernutzung über Tage im
Burgstädter Revier um 1860

Bild 22: Wassernutzung über Tage im Burgstätter Revier um 1860 (s. S. 30)

Um nun die technische Nutzung des Wassers in einem Grubenrevier übersehen zu können, sind die Gefällstufen, d. h. die einzelnen Kunst- und Kehrräder, die Teiche mit ihren Gräben und Aufschlaggräben, die Wasserläufe und alle anderen Merkmale systematisch aufgezeichnet, so wie es der Königliche Maschinenmeister A. Dumreicher im Jahre 1866 tat. Das Bild zeigt die Wassernutzung im Burgstätter Revier. Man vergleiche die Darstellung auch mit Bild 21.

In nebenstehender schematischen Darstellung fällt besonders die Verflechtung aller wasserbaulichen Anlagen in Bezug auf ihre Gefällehöhe auf.

Bei weiterer Betrachtung entdeckt man noch manche interessante Einzelheiten, die zum Teil schon früher angeführt wurden.

31

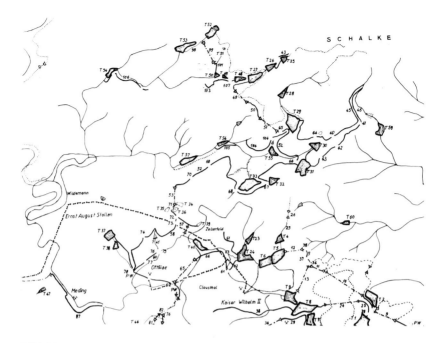

Bild 23: Der Ausschnitt aus der Karte des Oberharzer Wassersystems zeigt das Zellerfelder System.

Bisher ist hier nur vom Dammgrabensystem die Rede gewesen. Zum Oberharzer Wassersystem gehören aber noch als wesentliche Teile das Zellerfelder und das Buntenböcker System.

Das Zellerfelder System bringt bzw. brachte Wasser von der Wasserscheide Bocksberg-Schalke und darüber hinaus. Und zwar einmal über den Auerhahn-Teich (T 25), den Neuen und Oberen Grumbacher Teich (T 26, T 27), durch den verrohrten Tannhaier Wasserlauf (49), den Pißtaler Graben (50), den Kellerhalser Wasserlauf (51), den Zellerfelder Kunstgraben (52), den Winterwieser Wasserlauf (53) und den Oberen Einersberger Graben (58) zum Ottiliae-Schacht zur Energiegewinnung unter Ausnutzung des Schachtgefälles von 332 m.

Dazu kamen die Wasser von der Schalke über den Oberen und Unteren Schalker Graben (45, 46) und den Kiefhölzer Teich (T 31) bzw. Mittleren Kellerhalser Teich (T 29) in den Zellerfelder Kunstgraben und damit ebenfalls zum Ottiliae-Schacht.

32

Bild 24:
Förderturm
Ottiliae-Schacht,
332 m unter Tage
befindet sich ein
Wasserkraftwerk
auf dem Niveau
des Ernst-August-
Stollens

Beim Zellerfelder Revier ist bemerkenswert, daß es ursprünglich kein einheitliches Verbundsystem war: Die Teiche unterhalb vom Auerhahn und der Obere Schalker Graben (45) belieferten die Gruben in Bockswiese und Hahnenklee. Davon zeugt u. a. die streckenweise noch gut erkennbare Fortsetzung des Oberen Schalker Grabens, (im Bild 23 punktiert eingezeichnet). Auch die Wasser aus dem Mittleren Kellerhalser Teich (T 29) flossen ursprünglich in anderer Richtung, nämlich durch den Kellerhalser (51) und Tannhaier Wasserlauf (49) ebenfalls zu den wassernötigen Gruben in Bockswiese. Die Umkehrung der Fließrichtung erreichte man durch Verrohrung des Tannhaier Wasserlaufs, durch Höherlegen des Pißtaler Grabens (50) und durch Anstauen am Kellerhalser Wasserlauf um ca. 1 m.

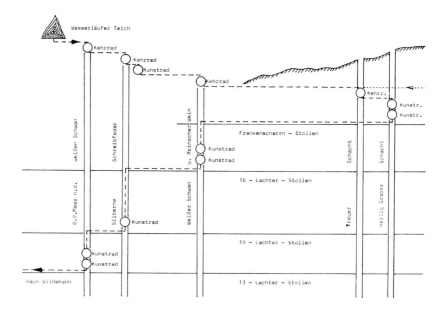

Bild 25: Wassernutzung über Kunst- und Kehrräder im Zellerfelder Revier um 1660, nach dem großen Riß des Oberbergmeisters und Markscheiders Daniel Flach schematisiert.

Das Bild 25 zeigt z. B. die mehrfache Ausnutzung der Aufschlagwasser: zunächst gestattete es die Lage der Gaipel im nach Osten abfallenden Gelände, die Wasser über Tage von einem Schacht zum anderen unter mehrfacher Ausnutzung des Gefälles weiterzuleiten und dann durch einen Wasserlauf zum Treuer Schacht zu bringen. Hier kamen noch übertägige Wasser aus dem Zellbach hinzu. Nachdem diese Wasser im „Heilig-Graber-Schacht" über zwei Kunsträder gelaufen waren, flossen sie im Frankenscharrn-Stollen zurück zum Schacht „Weißer Schwan und Reinischer Wein", betrieben hier zwei Kunsträder auf den 16-Lachter-Stollen, liefen zum Schacht „Silberne Schreibfeder" und über ein Kunstrad auf den 19-Lachter-Stollen, dort liefen sie weiter zum Schacht „8.9. Maas" und über zwei Kunsträder auf den 13-Lachter-Stollen, wo sie in Wildemann zu Tage ausfließen konnten.

So wurden dieselben Wasser über 12 Kunst- bzw. Kehrräder über und unter Tage ausgenutzt, eine für die damalige Zeit bemerkenswerte Regelung, der eine gut durchdachte Konzeption zu Grunde lag und als beachtenswerte Ingenieurleistung zu gelten hat.

34

Bild 26: Verfallende Grabentour des Junkernfelder Grabens zwischen dem Johannistal und dem Klein-Clausthal

Auch das Rosenhöfer Grubenrevier hat kein großes eigenes Wassereinzugsgebiet gehabt. Die Aufschlagwasser wurden daher aus dem Innerste-Quellgebiet oberhalb von Buntenbock und zum Teil aus den Abfallwassern des Burgstätter Reviers über den Bremerhöher Graben (64), der später vom Bremerhöher Wasserlauf (65) abgekürzt wurde, herangebracht.

Das Innerste-Quellgebiet oberhalb von Buntenbock wurde zu einem Teich- und Grabensystem ausgebaut und führte seine Wasser zunächst über den Junkernfelder Graben und dem einige Meter höhergelegenen Flambacher Graben (beide zum Teil auch einfach Oberer bzw. Unterer Kunstgraben genannt) in sehr langen, um alle im Wege liegenden Bergnasen herumführenden, Grabentouren nach Clausthal ins Rosenhöfer Revier.

Es mag vielleicht in Erstaunen setzen, daß hier zwei Gräben mit nur wenigen Metern Höhendifferenz parallel angelegt wurden. Man bedenke jedoch die Notwendigkeit, so wenig wie möglich Gefälleverlust in Kauf zu nehmen, denn Gefälleverlust ist Energieverlust. Diese wenigen Meter, um die man die Wasser höher an den Einsatzort heranbrachte, bedeuteten hier, daß man ein höher gelegenes Kunstrad in Betrieb nehmen konnte. Die Mundlöcher des Oberen und Unteren Klein-Clausthaler Wasserlaufs, welche u. a. die ursprünglichen Gräben ablösten, haben auf der Rosenhöfer Seite einen Höhenunterschied von 10,8 m.

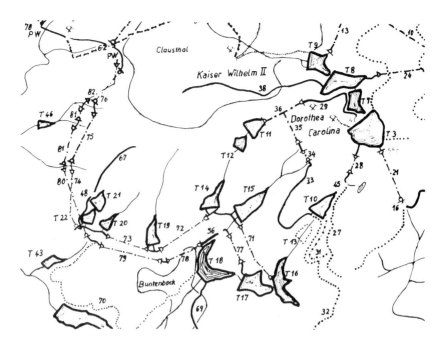

Bild 27: Verbundsystem Buntenbock

Im Laufe der Jahre wurden, wie schon angedeutet, die langen, um die Bergnasen herumführenden Grabentouren durch Wasserläufe abgekürzt und
zwar in der oberen Stufe vom Bärenbrucher (71), Oberen Schwarzenbacher
(72), Oberen Hasenbacher (73), Oberen Flambacher (74), Oberen Johannistaler (75) und Oberen Klein-Clausthaler Wasserlauf (76), in der unteren
Stufe vom Ziegenberger (77), Unteren Schwarzenbacher (78), Unteren Hasenbacher (79), Unteren Flambacher (80), Unteren Johannistaler (81) und
Unteren Klein-Clausthaler Wasserlauf (82).

Die Teiche und Gräben des Buntenböcker Systems dienen noch heute zur
Lieferung und Speicherung der Betriebswasser für das Erzbergwerk Grund.

Bild 28: Mundloch des Oberen Flambacher Wasserlaufs (74)

Nach der Eingliederung der einzelnen Wassersysteme in das gesamte Oberharzer Wassersystem wurden auch die aus dem Buntenböcker Verbundsystem und die aus dem unteren ehemaligen Burgstätter Revier durch den Bremerhöher Graben und Wasserlauf kommenden Wasser zur Erzeugung von elektrischer Energie im Ottiliae-Schacht genutzt, ohne daß das Teich-Graben- und Wasserlaufsystem im wesentlichen geändert wurde.

Verzeichnis der Teiche

T 1 Jägersbleeker Teich (1718)
T 2 Fortuner Teich (1722–1724)
T 3 Hirschler Teich (1660)
T 4 Langer Teich
T 5 Oberer Haus-Herzberger Teich
T 6 Unterer Haus-Herzberger Teich (1676)
T 7 Oberer Pfauenteich
T 8 Mittlerer Pfauenteich
T 9 Unterer Pfauenteich
T 10 Oberer Nassenwieser Teich
T 11 Johann-Friedricher Teich (1674)
T 12 Alter Wasserläufer Teich (vor 1659)
T 13 Trockengelegter Unterer Nassenwieser Teich
T 14 Schwarzenbacher Teich (1611–1614)
T 15 Pixhaier Teich (1673)
T 16 Bärenbrucher Teich (1644)
T 17 Ziegenberger Teich (vor 1682)
T 18 Sumpfteich (vor 1659)
T 19 Hasenbacher Teich
T 20 Semmelwieser Teich
T 21 Oberer Flambacher Teich
T 22 Unterer Flambacher Teich
T 23 Oberer Eschenbacher Teich
T 24 Unterer Eschenbacher Teich (vor 1659)
T 25 Auerhahnteich
T 26 Neuer Grumbacher Teich
T 27 Oberer Grumbacher Teich
T 28 Oberer Kellerhalser Teich
T 29 Mittlerer Kellerhalser Teich
T 30 Zankwieser Teich
T 31 Kiefhölzer Teich
T 32 Schröterbacher Teich
T 33 Stadtweger Teich
T 34 Wasserläufer Teich
T 35 Oberer Zechenteich
T 36 Mittlerer Zechenteich
T 37 Oberer Einersberger Teich
T 38 Mittlerer Einersberger Teich
T 39 Carler Teich
T 40 Eulenspiegler Teich
T 41 Hüttenteich
T 42 Prinzenteich
T 43 Haderbacher Teich
T 44 Oberer Hahnebalzer Teich
T 45 Unterer Hahnebalzer Teich

T 46   Klein-Clausthaler Teich
T 47   Kreuzbacher Teich
T 48   Mittlerer Grumbacher Teich
T 49   Oberer Flößteich
T 50   Unterer Flößteich
T 51   Thanteich
T 52   Kranicher Teich
T 53   Kuttelbacher Teich
T 54   Grumbacher Teich
T 55   Unterer Kellerhalser Teich
T 56   Oberer Spiegeltaler Teich
T 57   Unterer Spiegeltaler Teich
T 58   Neuer Teich
T 59   Schalker Teich
T 60   Lange Teich
T 61   Polstertaler Teich (vor 1728)
T 62   Altenauer Hüttenteich
T 63   Kleiner Oker Teich
       Kleiner Prinzenteich (1688)

Verzeichnis der Gräben und Wasserläufe

(1) Abbegraben (1827)
(2) Flörichshaier Graben (1827)
(3) Clausthaler Flutgraben (1827)
(4) Nabentaler Graben (1720)
(5) Dammgraben (1732−1827)
(6) Kellwasser-Wasserläufe (1821)
(7) Morgenbrodstaler Graben (1718)
(8) Rotenberger Wasserlauf (1868)
(9) Coventshaier Wasserlauf (1852)
(10) Dietrichsberger Wasserlauf (1863)
(11) Bielenwieser Wasserlauf (1864)
(12) Mönchstaler Wasserlauf (1659)
(13) Franz-Auguster Wasserlauf (1832)
(14) Kautztaler Graben (1785)
(15) Tränkegraben (1739 u. 1785)
(16) Jägersbleeker Wasserlauf (1739)
(18) Schwarzenberger Wasserlauf (1813)
(19) Schwarzenberger Graben (vor 1760)
(20) Huttaler Graben (1765)
(21) Huttaler Wasserlauf (1763−1767)
(22) Hirschler Graben
(23) Jägersbleeker Graben (1785)
(24) Fortuner Wasserlauf (1785)
(25) Langer Graben
(26) Langer Wasserlauf (vor 1750)
(27) Oberer Kehrzug Graben (vor 1750)
(28) Benedikter Wasserlauf (vor 1750)
(29) Dorotheer Kehrradsgraben (1765)
(30) Mittlerer Kehrzug Graben
(31) Luttengraben (vor 1850)
(32) Unterer Kehrzug Graben (vor 1770)
(33) Nassenwieser Graben
(34) Nassenwieser Wasserlauf
(35) Prinz Walliser Wasserlauf
(36) Johann-Friedricher Wasserlauf (1674)
(37) Johann-Friedricher Flutgraben (1674)
(38) Feldgraben (1668)
(41) Bärentaler Graben (vor 1716)
(42) Kronsfelder Graben (vor 1716)
(43) Auerhahn-Graben
(44) Kellerhalser Graben (vor 1850)
(45) Oberer Schalker Graben (1716)
(46) Unterer Schalker Graben (1680)
(47) Zankwieser Flutgraben
(48) Kahleberger Bruchgraben (vor 1850)

(49) Tannhaier Wasserlauf (1875)
(50) Pißtaler Graben
(51) Kellerhalser Wasserlauf (1842)
(52) Zellerfelder Kunstgraben (vor 1680)
(53) Winterwieser Wasserlauf (vor 1680)
(54) Kiefhölzer Flutgraben
(55) Wasserläufer Graben
(56) Carler Flutgraben
(57) Ringer Graben (vor 1850)
(58) Oberer Einersberger Graben (vor 1851)
(60) 4. Pochgraben (vor 1850)
(61) Eschenbacher Flutgraben
(62) Oberer Eschenbacher Fallgraben (vor 1602)
(63) Unterer Eschenbacher Fallgraben (vor 1602)
(64) Bremerhöher Graben (1736)
(65) Bremerhöher Wasserlauf (1784)
(66) Ottiliae-Schacht Graben
(67) Schmidts Graben (vor 1850)
(68) Rundewieser Graben
(69) Taubefrauer Graben
(70) Junkernfelder Graben
(71) Bärenbrucher Wasserlauf (1949)
(72) Oberer Schwarzenbacher Wasserlauf (1808)
(73) Oberer Hasenbacher Wasserlauf (1811)
(74) Oberer Flambacher Wasserlauf (1844)
(75) Oberer Johannistaler Wasserlauf (1839)
(76) Oberer Klein-Clausthaler Wasserlauf (1797)
(77) Ziegenberger Wasserlauf (1847)
(78) Unterer Schwarzenbacher Wasserlauf (1870)
(79) Unterer Hasenbacher Wasserlauf (1845)
(80) Unterer Flambacher Wasserlauf (1844)
(81) Unterer Johannistaler Wasserlauf (1835)
(82) Unterer Klein-Clausthaler Wasserlauf (1797)
(85) Bleihütten Graben (vor 1850)
(86) Zellbach Graben (vor 1850)
(87) Haus-Braunschweiger Graben (1755)
(88) Schultestollen Graben (1838)
(89) Schultestollen (1838)
(91) Oberer Eichelberger Wasserlauf (1889)
(92) Unterer Eichelberger Wasserlauf
(93) Hilfe-Gottes Graben (1835)
(94) Grunder Pochgraben (vor 1800)
(95) Knollen Wasserlauf (1877)
(96) Bocksberger Graben (vor 1850)
(97) Drecktals Graben
(98) Kranicher Graben (um 1560)
(99) Kranicher Wasserlauf (1878)

(100) Kuttelbacher Graben
(101) Herrenwieser Graben
(103) Wäsche Graben
(104) Harleweger Graben (vor 1850)
(105) Spiegeltaler Graben (vor 1850)
(106) Grumbacher Graben (vor 1800)
(107) Wildemanner Pochgraben (vor 1850)
(108) Lautenthaler Kunstgraben (1570)
(109) Lautenthaler Pochgraben (vor 1850)
(111) Lautenthaler Hoffnungsstollen
(110) Lautenthaler Hüttengraben (vor 1850)
(112) 19-Lachter Stollen
        Alter Dietrichsberger Wasserlauf (1662)
        Polsterberger Wasserlauf (1682)

Erläuterungen einiger Fachausdrücke

Absinken = Abteufen: Niederbringen von Schächten

Auffahren: Herstellen eines Grubenbaues oder Grabens

Aufwältigen: Vorhandenen, aber verbrochenen Grubenbau oder Graben wieder herstellen

Aufschlaggraben: Graben, der die Wasser zur Beaufschlagung auf die Kunst- oder Kehrräder führt

Aufschlagwasser: Die zum Antrieb auf ein Kunst- oder Kehrrad geführten Wasser

Ausfahren: Verlassen der Grube

Berg: Taubes Gestein (Abraum)

Bulge: Ledersack zum Fördern von Wasser

Einfahren: Betreten der Grubenbaue

Erzaufbereitung: Weiterverarbeitung des geförderten und zerkleinerten Roherzhaufwerks zur Verhüttung

Fahrkunst: Bereits seit dem 16. Jahrhundert betriebenes Gestängepaar zum Antrieb der Kolbenpumpen, 1830 mit Tritten und Griffen versehen; durch Übertreten von einem Gestänge auf das andere konnte der Bergmann ohne besondere Anstrengung einfahren oder ausfahren

Fahrt: Bergmännischer Ausdruck für Leiter

Fehlschlag: Wehr, das gestattet, Flutwasser abzuleiten, um die Zerstörung der Grabenbrust oder des Teichdamms zu verhüten

Feldgestänge: Zur Übertragung der Hubbewegung eines krummen Zapfens, bestehend aus zwei immer sich gegenläufig bewegenden Stangen

Gaipel (Gäpel): Mit Pferden angetriebene Fördereinrichtung über einem Schacht, daher der Ausdruck Pferdegaipel; später ging die Bezeichnung „Gaipel" auch auf die Schachtgebäude für die mit Wasserkraft angetriebenen Fördereinrichtungen über

Geschlepp: Zur Übertragung der Zugbewegung eines krummen Zapfens, bestehend aus einer Stange

Gebirge: Alles, was der Bergmann zu Tage schaffen muß, nicht nur die tauben Berge allein, sondern auch das Erz

Hubkunst:	Pumpeinrichtung zum Heben von Wasser
Kehrrad:	Wasserrad mit zwei gegenläufig angeordneten Schaufelkränzen, um die Drehrichtung des Wasserrades nach Bedarf umkehren zu können, daher die Bezeichnung: Kehrrad
Krummer Zapfen:	Kurbel
Kunst:	Maschine allgemein
Kunstrad:	Wasserrad zum Antrieb einer Maschine z. B. Pumpenkunst, Fahrkunst u.a.m., das sich nur in einer Richtung – im Gegensatz zum Kehrrad – zu drehen brauchte
Lichtloch oder Lichtschacht:	Schächte, welche auf einen Stollen oder eine Strecke niedergebracht wurden, um frische Wetter vor Ort zu bringen und Gegenortbetrieb zu ermöglichen
Rösche oder Rüsche:	In geringer Tiefe angelegter Stollen zum Zu- oder Abführen von Wassern oder Wettern
Schützer:	Bergmann, der die Schütze bedient z. B. zur Beaufschlagung der Kehrräder
Söhlig:	ohne Gefälle
Sumpfhaltung, zu:	Ständiges Abpumpen der Wasser aus dem Grubentiefsten
Teufe:	Tiefe
Tonne:	Eisenbeschlagenes Holzgefäß zur Schachtförderung von Erz und Berg (6–10 Ztr. Roherzinhalt)
Treiben:	Schachtförderung, auch als Maßeinheit einer bestimmten geförderten Menge: Im Oberharz war 1 Treiben = 40 Tonnen (Fördertonnen), was der täglichen Fördermenge eines Schachtes entsprach
Vor Ort:	Stelle, an welcher der Bergmann arbeitet beim Vortrieb von Stollen oder Strecken und bei der Erzgewinnung
Wasser, die:	Ein Ausdruck für das fließende Wasser
Wasserkunst:	Hubkunst, s. d.
Wasserlauf:	Unterirdischer Teil einer Grabentour
Wasserlösung:	Eine Grube von unter Tage zusitzenden Wassern befreien
Wasserscheide:	Grenze der übertägigen Wasser nach dem einen oder anderen Abflußgebiet

Wetter: Die Luft in einer Grube: schlechte oder matte Wetter bedeuten sauerstoffarme, also unbrauchbare Luft, frische Wetter bedeuten gute Luft

Widerwaage: Kleines Wasserbecken mit Zu- und Abflüssen zum Ausgleich oder Einhalten des Wasserstandes

Quellen

Banniza, H.; Klockmann, F.; Lengemann, A.; Sympher, A.
Das Berg- und Hüttenwesen des Oberharzes, Stuttgart 1895, Verlag von Ferdinand Enke

Calvör, H.
Historisch-chronologische Nachricht und theoretische und practische Beschreibung des Maschinenwesens und der Hülfsmittel bey dem Bergbau auf dem Oberharze. Braunschweig 1763

Dennert, H.
Die Entwicklung des Oberharzer Silberblei-Zinkbergbaues vom 16. bis zum Anfang des 20. Jahrhunderts. Beihefte zum Geologischen Jahrbuch, Heft 118, S. 83–125. Hannover 1971

Dumreicher, A.
Gesamtüberblick über die Wasserwirtschaft des nordwestlichen Oberharzes, Blatt I und II, Clausthal 1866

Kerl, A.
Grundriß von den Streichen und Fallen der in dem Clausthalischen Grubenreviere bis jetzt bekannten, . . . Gänge . . ., nebst den zum Betriebe der Grubenbaue erforderlichen Teichen und Wasserleitungen, Clausthal 1823

Stelzner, G. A.
Beschreibung derer sämmtlichen Teiche, Gräben und Wasserläufe, 1797, Handschrift

Stelzner, G. A.
Beschreibung der Anlage, und des gegenwärtigen Zustandes der Wasserleitungen des obern Burgstätter Zuges, besonders benutzt von den zwey wichtigsten Gruben Dorothea und Carolina zu Clausthal in „Bergbaukunde". Erster Band, v. Born und v. Trebra 1788